ALLOCUTION

DE

MONSEIGNEUR L'ARCHEVÊQUE D'ALBY

POUR

LE MARIAGE DE M. LOUET

AVEC

Mademoiselle Blanche GAULOT

DANS L'ÉGLISE DE SAINTE-CLOTILDE, A PARIS

Le samedi 25 janvier 1875.

MON CHER FRÈRE ET MA CHÈRE SŒUR,

Il m'a été donné, dans le cours de ma vie sacerdotale et épiscopale, de bénir bien des alliances. Je ne saurais, en vérité, lorsque j'essaye de les repasser dans mon esprit, toutes les énumérer. C'était à qui de mes jeunes parents et de mes jeunes amis réclamerait mon ministère pour cette grande circonstance de leur vie.

Tout ce que je puis vous dire, sans chercher, pour cela, à m'attribuer la moindre part dans le succès qu'elles ont généralement obtenu, c'est que toutes ces alliances, contractées qu'elles étaient dans les meilleures conditions, ont merveilleusement répondu à tout ce qu'on pouvait légitimement espérer d'elles.

Dès lors, il me semblait que, les années s'accumulant de plus en plus sur ma tête, je pouvais, sans trop de difficultés. laisser à des mains plus jeunes et plus lestes le soin ou plutôt le bonheur de faire de nouveaux heureux.

Mais, de bonne foi, mon cher frère et ma chère sœur, pouvais-je, lorsque vous êtes venus me prier de bénir votre union, ne pas me prêter au pieux désir que vous m'exprimiez avec tant de chaleur? Il y avait trop de motifs qui m'en faisaient un devoir, pour que je me permisse de ne pas condescendre à vos vœux. D'une part, je n'aurais pas voulu désobliger, en quoi que ce soit, notre cher trésorier général; il a toujours été si bon et si empressé pour tout ce qui pouvait nous être agréable. D'une autre part, vous le dirai-je, j'avais à cœur de faire une politesse à la jeune et gracieuse dame qui allait devenir mon excellente diocésaine; un père est heureux lorsque, par son union avec quelqu'un des siens, un nouvel hôte vient prendre rang et place dans le sein de sa famille.

Que n'aurais-je pas fait, en particulier, pour cette chère et nouvelle brebis de ma grande bergerie? Il n'y a rien que je n'eusse tenté pour tâcher de lui être agréable. Je ne pouvais oublier qu'elle était la fille bien-aimée d'un de mes plus anciens et plus honorables amis. C'était sa chère Blanche, son excellente Blanche, sa délicieuse Blanche. A ce titre, je ne pouvais, en ce jour mémorable, que m'empresser de venir consacrer et bénir son union. Il me semblait que ce que je ferais pour elle irait jusque par delà la tombe réjouir la cendre de son illustre et bien-aimé père (1).

Sur ce. mon cher frère et ma chère sœur, me voici tout à fait à votre disposition. Je viens, le cœur plein de la plus douce joie, recevoir, en face des saints autels, les serments que vous allez prononcer. Il y a là, tout à l'entour de vous, une magnifique assistance qui sera heureuse de les entendre. Ce sont vos plus proches parents. vos plus hono-

---

(1) M. Louis Gaulot était Premier Président de la Cour impériale de Lyon.

rables amis, vos plus anciennes connaissances. Aucun d'eux qui n'ait en ce moment l'oreille aux aguets pour recueillir de vos lèvres les paroles qui vont à jamais fixer votre sort.

Quelle heure solennelle que celle-là ! Il y en a peu dans la vie qui lui ressemblent. Je comprends qu'elle vous surexcite, qu'elle vous émeuve, qu'elle vous transporte. On le serait à moins. C'est une heure qui va en un clin d'œil changer du tout au tout votre existence.

Jusqu'à présent vous vous apparteniez à vous-mêmes; vous pouviez disposer de vous comme vous l'entendiez; il n'était permis à personne de vous demander compte de tout ce qui se passait dans votre cœur; c'était un sanctuaire où Dieu seul avait son entrée libre de tout contrôle.

Bientôt il n'en sera plus ainsi; vous cesserez d'appartenir exclusivement à vous-même; un autre viendra, la loi divine à la main, réclamer sa part dans vos pensées, dans vos sentiments, dans vos affections; c'est un droit que vous ne pourrez en conscience lui refuser.

A qui appartiendrez-vous donc ? Il ne saurait, à présent que tout est réglé et bien réglé, y avoir de l'indiscrétion dans ma demande. C'est, vous dirai-je de la part de Celui qui tient dans ses mains le fil de nos destinées, à un être privilégié que le Seigneur a, dans les éternels desseins de sa miséricorde, créé et mis au monde exprès pour vous. De quelles admirables facultés ne l'a-t-il pas doué ? Vous ne pouvez, du premier coup d'œil, toutes les apercevoir : chaque jour vous en fera découvrir de nouvelles.

Tout ce que je puis dire, en attendant que vous soyez à même de les constater une à une, c'est que Dieu a mis, je crois, de l'aimant dans son cœur pour attirer le vôtre. Le fait est que vous ne pouvez vous approcher de lui sans vous sentir entraîné par une sorte de courant magnétique. Ce sera, je n'en doute pas, comme la première effluve de l'affection qui va désormais unir si étroitement vos cœurs.

Eh bien, mon cher frère et ma chère sœur, c'est avec cet être béni, que la Providence avait préparé de sa divine main pour vous, que vous êtes appelés à cheminer côte à côte ou plutôt cœur à cœur sur cette grande voie qu'on appelle la vie. Si la route que vous avez à parcourir est douce et facile comme celles qu'on voit dans nos beaux pays du Rhône et de la Saône, vous en jouirez ensemble ; il y a tant de charme, lorsqu'on est en voyage, à échanger ses pensées et ses impressions avec un compagnon qui vous connaît et vous comprend. Si, au contraire, la route est pénible et laborieuse, comme celles qu'on trouve dans les pays de montagnes, vous vous aiderez mutuellement à franchir ses cols et à supporter ses fatigues ; on porte plus facilement à deux un fardeau qui est trop pesant et trop lourd pour les épaules d'un seul.

Unis par ce lien sacré, vous le serez pour la vie ; à vous deux vous ne ferez qu'une personne morale ; vous aurez, tout en conservant vos diverses aptitudes, le même esprit et le même cœur ; c'est le Saint-Esprit lui-même qui vous l'apprend : *Et erunt duo in carne una* ; de telle sorte que, par le vœu de la nature comme par celui de la Religion, vos destinées sont désormais inséparables ; on ne sépare pas ce que Dieu a uni et si bien uni : *Quod conjunxit Deus, homo non separet.*

A la nouvelle situation qui s'ouvre devant vous, avec tant d'horizons et d'aspects divers, correspondent de nombreux et sérieux devoirs. Élevés l'un et l'autre à l'école de la Religion, tant sous le toit paternel que dans des établissements qui inspirent toute confiance, vous les connaissez aussi bien que moi. Je me bornerai, par conséquent, à vous les rappeler sommairement.

Vous, Monsieur Louet, notre cher trésorier général, vous dont l'esprit s'élève de lui-même à toutes les nobles pensées et dont le cœur s'épanouit à tous les généreux sentiments, quelles obligations n'allez-vous pas contracter vis-à-vis de celle qui va devenir votre épouse ! Est-il nécessaire de vous dire que vous devez l'aimer ? Mon Dieu ! c'est un sentiment qui ne se commande pas ; il part du cœur comme l'étincelle qui s'échappe d'un foyer embrasé ; vous n'avez besoin pour cela que de laisser aller votre cœur à la fibre qui le fait mouvoir ; il s'attachera de plus en plus, à mesure qu'il la connaîtra davantage, à celle qui a déjà toutes ses sympathies. Vous l'aimerez comme Abraham aimait Sara, comme Isaac aimait Rebecca, comme Jacob aimait Rachel, comme Booz aimait Ruth. Que dis-je ! ce que je dis était bon pour les fils des patriarches, pour les enfants de l'ancienne loi, de cette loi qui inspirait plus de crainte que d'amour ; mais ce n'est pas assez pour les frères de J. C., pour les enfants de la nouvelle loi, de cette loi qui est toute de tendresse et d'amour ; un plus beau modèle leur est donné, un plus beau type est mis sous leurs yeux. St Paul leur enseigne qu'ils doivent aimer leurs épouses comme J. C. aimait l'Église : *Viri, diligite uxores vestras sicut Christus dilexit Ecclesiam.* Or, combien le Sauveur n'a-t-il pas aimé l'Église, puisque, après l'avoir formée de ses propres mains, éclairée de ses divines lumières, fécondée de ses sueurs, il est mort pour elle ? Pouvait-il, je le demande, lui donner une plus grande marque de sa tendresse ? *Nemo majorem hâc dilectionem habet ut animam suam ponat quis pro amicis suis.*

Donc, vous dirai-je avec le naïf St François de Sales : Maris, ce n'est pas assez d'aimer vos épouses d'un amour naturel, les paires de tourterelles en font autant : ce n'est pas non plus assez de les aimer d'un amour profane, les païens en font encore autant ; vous les aimerez d'un amour tout saint, tout sacré, tout divin, c'est-à-dire inspiré et sanctifié par la religion, et cet amour, soyez-en convaincu, sera toujours le plus sûr, le plus solide, le plus invariable ; il sera du moins à l'abri des retours et des refroidissements qui sont si fréquents dans les alliances dont la passion ou un vil intérêt a été le mobile.

Vous aurez en tout temps pour elle, c'est-à-dire non-seulement en public, dans le salon, devant la société, mais encore en particulier, lorsque vous serez seul avec elle, ces égards, cette déférence, cette politesse, et j'ose dire ce respect que le sentiment encore plus que les convenances a conservé, malgré les perturbations et les bouleversements dont nous sommes depuis si longtemps les malheureux témoins, parmi les débris de nos anciennes mœurs ; il y a, dans ces attentions et ces délicatesses pour celle qui va porter votre nom et doubler

2

votre existence, quelque chose de noble et de chevaleresque ;
loin de nuire à l'affection que doivent se porter les époux, elles
servent au contraire à l'entretenir et à la conserver.

Ce ne sera pas même assez, j'en suis convaincu, pour vous ;
tous ceux qui ont comme vous le sens délié et le flair délicat,
ne s'en tiennent pas à ces formes extérieures, à ces bonnes
manières, à ces démonstrations de politesse et d'urbanité dont
nous sommes justement fiers ; à la rigueur, tout cela pourrait
n'être qu'un vernis, qu'un faux semblant, qu'un moyen pour
donner le change à l'opinion sur les sentiments dont on serait
animé ; ils font davantage, dans la mesure de leurs facultés,
pour celle qu'ils ont associée à leurs destinées ; ils entrent, le
plus qu'ils peuvent, dans ses pensées, dans ses goûts, dans
ses désirs ; ils veulent, autant qu'ils peuvent, être de moitié
dans ses œuvres de bienfaisance : *Muneribus et officiis*, a dit
quelque part le judicieux Quintilien, *colitur amicitia*.

Vous aurez soin, par conséquent, de lui ouvrir constamment
votre cœur ; après Dieu, c'est elle qui doit toujours y tenir la
première place ; souvenez-vous qu'elle est la chair de votre
chair, l'os de vos os, la prunelle de vos yeux. Elle a tout
quitté (parents et amis) pour vous suivre ; elle vous a dit,
comme Ruth la Moabite à Booz : « Étends, je t'en prie, ton
manteau sur moi ; je serai ta possession, ton bien, ta pro-
priété ; aucun autre que toi n'aura de droit sur moi : *Expande
pallium tuum super famulam tuam*.

Tout en lui donnant des ordres, vous aimerez à prendre ses
conseils ; car, après tout, la femme n'est pas l'esclave, ni la
servante, ni la domestique de l'homme, *nec serva, nec ancilla ;*
Dieu ne l'a pas créée avec tant de grâces et d'aptitudes pour
en faire uniquement l'objet de ses convoitises et de ses caprices:
il a voulu qu'elle fût sa compagne, son amie, son égale :
Faciamus ei adjutorium simile sibi. Oh ! combien de fois
cette chère compagne de sa vie ne lui a-t-elle pas été utile
dans une foule de circonstances où sa fortune, son honneur
et sa santé ont été singulièrement exposés ! Je n'en finirais
pas, si je voulais rappeler en ce moment des exemples que
présente à ce sujet l'histoire de presque toutes les familles.

Et vous, Mademoiselle Blanche, vous, tendre fleur lyonnaise pieusement éclose, entre le Rhône et la Saône, sous l'œil de Notre-Dame de Fourvières, vous qu'un père et qu'une mère, si distingués par leur intelligence et leur bienveillance, ont soignée de leurs propres mains, vous dont le cœur répond à tous les nobles et généreux sentiments qu'ils vous ont inspirés, quels devoirs n'allez-vous pas contracter vis-à-vis de l'époux que la Providence, dans ses jours d'ineffables bénédictions, vous a choisi entre mille !

Ai-je besoin, ma fille, de vous dire que vous devez le payer de retour dans l'affection qu'il vous porte ? C'est une proposition qui ne se démontre pas ; elle s'impose d'elle-même. Dans l'union conjugale, tout est corrélatif. Si, aux termes des enseignements divins, le mari doit, comme nous l'avons exposé plus haut, aimer son épouse comme le Sauveur l'Église ; celle-ci, de son côté, doit, à son tour, aimer son mari comme l'Église aime le Sauveur. C'est la loi et les prophètes, c'est la règle et la mesure de son affection. « Femme, dit saint François de Sales, ce saint qui se connaissait si bien dans la conduite des âmes, vous aimerez votre mari comme l'Église aime le Sauveur. » Or, de quels sentiments l'Église n'est-elle pas pénétrée pour le Sauveur ? Elle ne pense qu'à lui ; elle ne parle que de lui, elle ne soupire qu'après lui. C'est son bien-aimé, c'est le plus beau des enfants des hommes, c'est le type le plus inimitable de toutes les perfections : *Speciosus super filios hominum...* Elle lui a voué son repos, sa liberté, sa vie.

N'est-ce pas, ma fille, ce que vous ferez pour celui dont vous allez devenir la douce et glorieuse moitié ? Vous l'aimerez de cet amour de cœur, de cet amour de dilection, de cet amour de tendresse et de dévouement dont la femme a plus que tout autre le secret. Qu'il soit l'inspirateur de toutes vos pensées, l'objectif de tous vos sentiments, le mobile de toutes vos démarches. A lui seul, après Dieu, tout votre cœur ; à lui seul, après Dieu, toute votre affection.

Ce ne sera pas, j'en suis sûr, assez pour vous ; vous serez heureuse et fière de votre mari. Oui, vous serez fière de toutes les belles et brillantes qualités dont le ciel l'a doué.

de l'élévation de son esprit, de la noblesse de son cœur ; vous serez fière de son intelligence, de son savoir, de son jugement ; vous serez fière de ses beaux et loyaux services dans tous les postes qu'il a occupés, de la part glorieuse qu'il a prise dans toutes les grandes affaires du pays, de la bonne renommée qu'il a laissée dans tous les endroits qu'il a habités. — Oui, vous serez heureuse des bons principes qu'il a sucés dans sa famille, de l'éducation chrétienne qu'il a reçue sous les meilleurs maîtres, de la loyauté et de la fermeté de ses convictions religieuses ; vous serez heureuse de ses bons procédés, de ses excellentes manières, de ses délicats épanchements ; vous serez heureuse de ses nombreux et honorables amis, de la confiance qu'on lui témoigne partout, de la juste considération dont il est universellement entouré. Tout ce qui sera marqué de quelque éclat dans sa vie rejaillira sur la vôtre.

De votre côté, ma fille, vous ne manquerez pas de tenir votre mari au courant de tout ce qui se passe dans votre âme. Il faut qu'il puisse lire dans ses plis les plus intimes, comme dans une glace bien unie, les plus vives impressions qui peuvent la traverser. Aucune de vos peines ni de vos jouissances qui doivent lui être dissimulées. C'est dans cet échange de bonnes pensées et d'affectueux sentiments que se trouve le bonheur de la vie à deux. De vous à lui, par conséquent, point de ces réserves, de ces réticences, de ces discrétions mystérieuses qui, en circonscrivant les rapports, finissent par refroidir le cœur ; le cœur a besoin d'expansion, d'ouverture, d'abandon, pour se livrer à son tour à celui qui l'attire.

Ce n'est pas tout, vous répondrez à sa confiance par votre attention à lui plaire ? N'est-ce pas à cette fin que vous avez reçu du ciel, avec les grâces qui sont l'apanage de votre sexe, les vertus qui charment et qui plaisent ? Usez largement des unes et des autres suivant les vues de la Providence, qui vous a si merveilleusement dotée de tous ces avantages, afin de pénétrer de plus en plus dans son cœur. « La vierge chrétienne, dit l'apôtre saint Paul, ne s'occupe que de plaire à Dieu : *Virgo cogitat quæ Dei sunt.* Celle, au contraire, qui s'est engagée dans les liens du mariage doit encore songer à plaire à son époux : *Quæ autem nupta est cogitat quomodò placeat viro.* »

Vous redoublerez surtout, ma fille, d'attentions et de soins, lorsque, par suite de quelque revers inattendu, vous verrez son front soucieux, son œil terne, sa lèvre plissée; montrez-lui aussitôt un bon visage, demandez-lui avec intérêt ce qui l'oppresse et l'accable; dites-lui avec empressement que vous voulez être de moitié dans ses peines; un doux regard, une affectueuse parole, un gracieux souvenir suffiront pour ramener le calme et la sérénité dans son âme. Quand les flots tourmentés par les vents d'hiver écument et grondent, l'oiseau de mer et sa fidèle compagne, réfugiés au creux d'un rocher, se pressent l'un contre l'autre, s'abritent et se réchauffent mutuellement. Il y a bien des tempêtes dans la vie; prenez exemple sur l'oiseau de mer et sa fidèle compagne, et vous ne craindrez ni les vents glacés, ni les flots qu'ils soulèvent.

Enfin, que des jours sereins ou nébuleux se lèvent sur l'horizon, un des premiers devoirs de la femme chrétienne est de prier, de solliciter, de supplier. Tous les matins, semblable à la colombe aux blanches ailes, elle monte, dans la ferveur de son oraison, vers le ciel, pour y porter avec les siens les vœux de sa famille; elle n'en redescend que les mains pleines de grâces et de bénédictions qu'elle se plaît à répandre sur tous ceux qui l'entourent. Oh ! comme alors sa maison est douce, agréable, heureuse ! Tout y est bien réglé et ordonné. On y respire un air et un parfum qui viennent du ciel.

Mais qu'aperçois-je tout près du lit de sa mère ? C'est le berceau d'un petit enfant qui vient de naître. Qu'il est gracieux ! qu'il est ravissant ! Heureux parents, remerciez Dieu, qui a béni si promptement votre union; vous allez revivre dans l'enfant qu'il vous a donné.

Ici, mon cher frère et ma chère sœur, quelle foule de nouveaux devoirs va peser sur vous ! Tous les deux, vous êtes responsables; tous les deux, vous êtes solidaires; vous répondrez, l'un et l'autre, au jugement de Dieu sur la manière dont vous les aurez élevés.

Élever un enfant, vous le savez, ce n'est pas chose aisée. C'est, de l'aveu de tous ceux qui en ont fait l'expérience, une grande et grosse affaire. Salomon disait, lorsqu'il entreprit de bâtir un temple au Seigneur, qu'il avait pris à ses risques et périls une lourde charge : *Opus grande facio.* Eh bien ! quelque difficile et pénible qu'ait été pour ce puissant souverain l'œuvre qu'il avait entreprise, on peut assurer que la consciencieuse éducation d'un enfant ne l'est pas moins ; elle exige, de la part de celui qui s'en charge, tant de soins minutieux, une surveillance active, une patience à toute épreuve ; il peut dire aussi bien que ce grand monarque : J'ai pris sur moi un rude labeur, *opus grande facio.*

Apprenez-leur avant tout ce qu'ils doivent savoir pour être sauvés ; apprenez-leur à aimer et servir Dieu ; apprenez-leur à détester et à fuir le péché ; apprenez-leur à goûter et à pratiquer la vertu ; apprenez-leur, par vos exemples encore plus que par vos leçons, le cas qu'ils doivent faire des saintes prescriptions de l'Église ; c'est là ce que vos dignes mères vous ont appris dans le temps ; apprenez-le à votre tour aux enfants que le ciel vous donnera ; vous ne pourrez leur transmettre un meilleur héritage.

Voilà, sans doute, mon cher frère et ma chère sœur, de grands et de nombreux devoirs qui vont vous être imposés. Ce serait véritablement, si l'on n'avait qu'à compter sur soi-même, à en être effrayé. Mais, soyez tranquilles, Dieu sera avec vous pour vous aider et vous soutenir ; c'est, après tout, son œuvre que vous allez continuer : vous ne serez que des instruments entre ses mains pour la continuation de sa grande famille ; pourrait-il dès lors vous abandonner à vos propres forces ? Il est trop juste et trop bon pour ne pas proportionner les secours à la mission qu'il vous donne.

Que n'a-t-il pas déjà fait pour vous, ce divin Auteur des saintes alliances ! Il a établi dans son Église une source spéciale de grâces pour ceux qu'il appelle à l'état saint du mariage. Ceux-ci pourront, quand bon leur semblera, venir, en toute circonstance, y puiser les secours dont ils auront besoin. De cette source admirable jaillissent, par divers canaux, des eaux merveilleuses qui purifient, rafraîchissent et fortifient l'âme. Vous n'aurez pas beaucoup de chemin à faire pour vous y rendre ; elle est tout à fait près de vous ; le Seigneur l'a établie dans le sacrement que vous allez recevoir.

Préparez-vous donc, mon cher frère et ma chère sœur, à la réception du don céleste. Il descendra sur vous comme une douce et bienfaisante rosée. Chaque goutte de cette rosée renferme en elle des onctions et des énergies incomparables ; L'âme qui les reçoit s'en trouve bien pour l'accomplissement de la tâche qu'elle a à remplir.

Vous voyez, Seigneur, les heureuses dispositions de ces chers fiancés ; daignez, dans votre miséricorde, les prendre en considération. Ils sont dignes l'un et l'autre, par le désir qu'ils ont de vous être agréables, de toute votre sollicitude. Un doux regard de votre paternelle bienveillance, au seuil de la carrière qui s'ouvre devant eux, sera pour eux d'un puissant encouragement. Il sera comme le coup de vent que le pilote attend pour appareiller et gagner avec confiance la haute mer.

O mon Dieu, ce n'est pas seulement votre ministre qui vous adresse en ce moment ses prières pour qu'il vous plaise de ratifier les vœux qu'on forme de tous côtés pour le bonheur de ces chers enfants. Ce sont deux familles dans lesquelles votre nom est béni, adoré et aimé comme il mérite de l'être. C'est une tendre et généreuse mère, dont la vie se confondait depuis de longues années avec celle de sa fille bien-aimée, qui consent à se séparer d'elle pour la remettre à celui qui, dans ses justes prévisions, doit désormais faire son bonheur. C'est un frère au cœur droit et affectueux, qui, ayant toujours vécu avec sa sœur, avait pour elle une tendresse et une estime dont on trouve peu d'exemples dans les familles les plus unies. Ce sont des oncles et des tantes qui s'applaudissent, chacun et chacune de leurs côtés, de la belle acquisition qu'ils font dans l'excellent neveu et dans la délicieuse nièce que cette union va leur donner. Ce sont des cousins et des cousines, jeunesse gracieuse et aimable, qui sont bien aises, avant que leur tour arrive, de venir prendre part à un événement qui peut n'être pas sans influence pour leur avenir. Ce sont de nombreux et excellents amis, des amis sûrs, des amis éprouvés, des amis dévoués, qui ne sont pas moins distingués par leur mérite personnel que par la position qu'ils occupent dans la société (1). Tous, quels qu'ils soient, s'unissent de cœur et d'âme aux prières que l'Église va dans un instant mettre sur nos lèvres ; ils appelleront avec nous, de toute l'ardeur de leur affection, les bénédictions du Ciel sur une union qui répond si bien aux vœux qu'ils ont formés pour son succès.

(1) On remarquait parmi eux M. Devienne, premier président de la Cour de cassation ; M. Gilardin, premier président de la Cour d'appel de Paris ; M. Grandperret, ancien garde des sceaux ; M. Carrelet, général commandant la subdivision de l'Eure ; M. Wolff, intendant général de l'armée de Paris ; M. Rouland, trésorier général de l'Eure ; M. Galine, président de la chambre de commerce de Lyon ; M. Fournet, maire d'Emeringes ; M. l'abbé Guinand, doyen de la faculté de théologie de Lyon ; le R. P. Chocarne, provincial de l'Ordre des frères prêcheurs ; M. de Leffeimberg, procureur général de la cour d'appel de Paris ; M. le général de Labadie d'Aydren ; M. le général Lheriller ; M. le baron Decazes, M. de Bermond, M. Jamme, M. Daguilhon-Lasselve, M. Lecamus et l'amiral Jaurès, tous députés du Tarn ; M. Alfred Giraud, député de la Vendée ; M. Le Provost de Launay, député du Calvados ; M. le général Loysel, député d'Ille-et-Vilaine ; M. le colonel Deffis, du 83ᵉ de ligne ; M. de Saint-Simon, conseiller général du Tarn ; M. Truelle-Saint-Evron, le bibliophile Jacob (Paul Lacroix), M. Auguste Vitu, M. d'Aurise, M. le baron Reille, ancien député ; M. Jacquème, inspecteur général des finances ; M. l'intendant Lejeune ; M. l'abbé Freydier, vicaire général d'Alby, etc., etc.

Alby. — Ernest Desrue, Imp. de l'Archevêché.
1875 — 425